This Journal Belongs To:

_____

Date _____ **Day S M T W T F S**

Positive Note to Yourself

Date _____ **Day S M T W T F S**

Positive Note to Yourself

Date _____ **Day S M T W T F S**

Positive Note to Yourself

Date _____   **Day S M T W T F S**

_____
_____
_____
_____
_____
_____
_____
_____
_____
_____
_____
_____

Positive Note to Yourself

Date _____   **Day S M T W T F S**

Positive Note to Yourself

Date _____   Day **S M T W T F S**

_____
_____
_____
_____
_____
_____
_____
_____
_____
_____

Positive Note to Yourself

Date _____ **Day S M T W T F S**

_____
_____
_____
_____
_____
_____
_____
_____
_____
_____
_____
_____

Positive Note to Yourself

Date _____   **Day S M T W T F S**

_____

_____

_____

_____

_____

_____

_____

_____

_____

_____

Positive Note to Yourself

Date _____ **Day S M T W T F S**

Positive Note to Yourself

Date _____ **Day S M T W T F S**

_____

_____
_____
_____
_____
_____
_____
_____
_____
_____
_____
_____
_____

Positive Note to Yourself

Date _____   **Day S M T W T F S**

_____
_____
_____
_____
_____
_____
_____
_____
_____
_____
_____
_____

Positive Note to Yourself

Date _____ **Day S M T W T F S**

_____
_____
_____
_____
_____
_____
_____
_____
_____
_____
_____
_____

Positive Note to Yourself

Date _____ **Day S M T W T F S**

Positive Note to Yourself

Date _____ **Day S M T W T F S**

Positive Note to Yourself

Date _____ **Day S M T W T F S**

_____

_____

_____

_____

_____

_____

_____

_____

_____

_____

_____

_____

Positive Note to Yourself

Date _____ **Day S M T W T F S**

Positive Note to Yourself

Date _____   **Day S M T W T F S**

Positive Note to Yourself

Date _____ **Day S M T W T F S**

_____

_____

_____

_____

_____

_____

_____

_____

_____

_____

_____

_____

Positive Note to Yourself

Date _____   **Day S M T W T F S**

_____

_____
_____
_____
_____
_____
_____
_____
_____
_____
_____
_____
_____

Positive Note to Yourself

Date _____ **Day S M T W T F S**

_____
_____
_____
_____
_____
_____
_____
_____
_____
_____
_____
_____
_____

Positive Note to Yourself

Date _____ **Day S M T W T F S**

Positive Note to Yourself

Date _____ **Day S M T W T F S**

_____
_____
_____
_____
_____
_____
_____
_____
_____
_____
_____
_____

Positive Note to Yourself

Date _____   **Day S M T W T F S**

Positive Note to Yourself

Date _____   **Day S M T W T F S**

_____

_____

_____

_____

_____

_____

_____

_____

_____

_____

_____

Positive Note to Yourself

Date _____ **Day S M T W T F S**

_____
_____
_____
_____
_____
_____
_____
_____
_____
_____
_____
_____

Positive Note to Yourself

Date _____ **Day S M T W T F S**

_____

_____

_____

_____

_____

_____

_____

_____

_____

_____

_____

Positive Note to Yourself

Date _____ **Day S M T W T F S**

_____
_____
_____
_____
_____
_____
_____
_____
_____
_____
_____
_____
_____

Positive Note to Yourself

Date _____ **Day S M T W T F S**

_____
_____
_____
_____
_____
_____
_____
_____
_____
_____
_____
_____
_____

Positive Note to Yourself

Date _____ **Day S M T W T F S**

Positive Note to Yourself

Date _____ **Day S M T W T F S**

Positive Note to Yourself

Date _____ **Day S M T W T F S**

Positive Note to Yourself

Date _____   **Day S M T W T F S**

Positive Note to Yourself

Date _____ **Day S M T W T F S**

Positive Note to Yourself

Date _____ **Day S M T W T F S**

Positive Note to Yourself

Date _____ **Day S M T W T F S**

_____
_____
_____
_____
_____
_____
_____
_____
_____
_____
_____
_____

Positive Note to Yourself

Date _____ **Day S M T W T F S**

_____

_____

_____

_____

_____

_____

_____

_____

_____

_____

_____

Positive Note to Yourself

Date _____ **Day S M T W T F S**

Positive Note to Yourself

Date _____ **Day S M T W T F S**

_____
_____
_____
_____
_____
_____
_____
_____
_____
_____
_____
_____

Positive Note to Yourself

Date _____   **Day S M T W T F S**

Positive Note to Yourself

Date _____ **Day S M T W T F S**

_____

_____
_____
_____
_____
_____
_____
_____
_____
_____
_____
_____

Positive Note to Yourself

Date _____   **Day S M T W T F S**

_____
_____
_____
_____
_____
_____
_____
_____
_____
_____
_____
_____

Positive Note to Yourself

Date _____ **Day S M T W T F S**

_____

_____

_____

_____

_____

_____

_____

_____

_____

_____

_____

Positive Note to Yourself

Date _____ **Day S M T W T F S**

Positive Note to Yourself

Date _____ **Day S M T W T F S**

Positive Note to Yourself

Date _____ **Day S M T W T F S**

_____

_____

_____

_____

_____

_____

_____

_____

_____

_____

_____

Positive Note to Yourself

Date _____ **Day S M T W T F S**

Positive Note to Yourself

Date _____ **Day S M T W T F S**

_____
_____
_____
_____
_____
_____
_____
_____
_____
_____
_____
_____
_____

Positive Note to Yourself

Date _____   Day S M T W T F S

Positive Note to Yourself

Date _____ **Day S M T W T F S**

_____
_____
_____
_____
_____
_____
_____
_____
_____
_____
_____
_____

Positive Note to Yourself

Date _____ **Day S M T W T F S**

Positive Note to Yourself

Date _____   **Day S M T W T F S**

_____
_____
_____
_____
_____
_____
_____
_____
_____
_____
_____
_____
_____

Positive Note to Yourself

Date _____ **Day S M T W T F S**

_____
_____
_____
_____
_____
_____
_____
_____
_____
_____
_____

Positive Note to Yourself

Date _____   **Day S M T W T F S**

_____
_____
_____
_____
_____
_____
_____
_____
_____
_____
_____
_____

Positive Note to Yourself

Date _____ **Day S M T W T F S**

Positive Note to Yourself

Date _____   **Day S M T W T F S**

_____

_____

_____

_____

_____

_____

_____

_____

_____

_____

_____

_____

Positive Note to Yourself

Date _____ **Day S M T W T F S**

Positive Note to Yourself

Date _____ **Day S M T W T F S**

Positive Note to Yourself

Date _____ **Day S M T W T F S**

_____

_____

_____

_____

_____

_____

_____

_____

_____

_____

_____

_____

Positive Note to Yourself

Date _____ **Day S M T W T F S**

_____
_____
_____
_____
_____
_____
_____
_____
_____
_____
_____
_____

Positive Note to Yourself

Date _____   **Day S M T W T F S**

Positive Note to Yourself

Date _____ **Day S M T W T F S**

_____
_____
_____
_____
_____
_____
_____
_____
_____
_____
_____
_____
_____

Positive Note to Yourself

Date _____ **Day S M T W T F S**

_____
_____
_____
_____
_____
_____
_____
_____
_____
_____
_____
_____
_____

Positive Note to Yourself

Date _____   **Day S M T W T F S**

Positive Note to Yourself

Date _____ **Day S M T W T F S**

Positive Note to Yourself

Date _____   **Day S M T W T F S**

_____

_____

_____

_____

_____

_____

_____

_____

_____

_____

_____

_____

Positive Note to Yourself

Date _____ **Day S M T W T F S**

_____
_____
_____
_____
_____
_____
_____
_____
_____
_____
_____

Positive Note to Yourself

Date _____ **Day S M T W T F S**

Positive Note to Yourself

Date _____ **Day S M T W T F S**

Positive Note to Yourself

Date _____ **Day S M T W T F S**

Positive Note to Yourself

Date _____   Day S M T W T F S

Positive Note to Yourself

Date _____ **Day S M T W T F S**

Positive Note to Yourself

Date _____ **Day S M T W T F S**

_____

_____

_____

_____

_____

_____

_____

_____

_____

_____

_____

Positive Note to Yourself

Date _____ **Day S M T W T F S**

_____
_____
_____
_____
_____
_____
_____
_____
_____
_____
_____
_____
_____

Positive Note to Yourself

Date _____ **Day S M T W T F S**

Positive Note to Yourself

Date _____ **Day S M T W T F S**

Positive Note to Yourself

Date _____ **Day S M T W T F S**

Positive Note to Yourself

Date _____ **Day S M T W T F S**

Positive Note to Yourself

Date _____   Day S M T W T F S

_____
_____
_____
_____
_____
_____
_____
_____
_____
_____
_____

Positive Note to Yourself

Date _____   **Day S M T W T F S**

_____

_____

_____

_____

_____

_____

_____

_____

_____

_____

_____

_____

Positive Note to Yourself

Date _____ **Day S M T W T F S**

_____
_____
_____
_____
_____
_____
_____
_____
_____
_____
_____
_____
_____

Positive Note to Yourself

Date _____   **Day S M T W T F S**

Positive Note to Yourself

Date _____   Day S M T W T F S

Positive Note to Yourself

Date _____ **Day S M T W T F S**

Positive Note to Yourself

Date _____ **Day S M T W T F S**

Positive Note to Yourself

Date _____ **Day S M T W T F S**

Positive Note to Yourself

Date _____ **Day S M T W T F S**

Positive Note to Yourself

Date _____   **Day S M T W T F S**

Positive Note to Yourself

Date _____ **Day S M T W T F S**

_____
_____
_____
_____
_____
_____
_____
_____
_____
_____
_____
_____

Positive Note to Yourself

Date _____ **Day S M T W T F S**

Positive Note to Yourself

Date _____ **Day S M T W T F S**

Positive Note to Yourself

Date _____ **Day S M T W T F S**

Positive Note to Yourself

Date _____ **Day S M T W T F S**

Positive Note to Yourself

Date _____ **Day S M T W T F S**

Positive Note to Yourself

Date _____   **Day S M T W T F S**

_____
_____
_____
_____
_____
_____
_____
_____
_____
_____
_____
_____

Positive Note to Yourself

Date _____ **Day S M T W T F S**

Positive Note to Yourself

Date _____   **Day S M T W T F S**

Positive Note to Yourself

Date _____ **Day S M T W T F S**

_____
_____
_____
_____
_____
_____
_____
_____
_____
_____
_____
_____

Positive Note to Yourself

Date _____ **Day S M T W T F S**

Positive Note to Yourself

Date _____ **Day S M T W T F S**

Positive Note to Yourself

Date _____ **Day S M T W T F S**

_____
_____
_____
_____
_____
_____
_____
_____
_____
_____
_____
_____

Positive Note to Yourself

Date _____   **Day S M T W T F S**

_____

_____

_____

_____

_____

_____

_____

_____

_____

_____

_____

Positive Note to Yourself

Date _____   **Day S M T W T F S**

_____
_____
_____
_____
_____
_____
_____
_____
_____
_____
_____
_____

Positive Note to Yourself

Date _____ **Day S M T W T F S**

_____

_____

_____

_____

_____

_____

_____

_____

_____

_____

_____

_____

Positive Note to Yourself

Date _____ **Day S M T W T F S**

_____
_____
_____
_____
_____
_____
_____
_____
_____
_____
_____

Positive Note to Yourself

Date _____   **Day S M T W T F S**

Positive Note to Yourself

Date _____ **Day S M T W T F S**

Positive Note to Yourself

Date _____ **Day S M T W T F S**

Positive Note to Yourself

Date _____ **Day S M T W T F S**

_____

_____

_____

_____

_____

_____

_____

_____

_____

_____

Positive Note to Yourself

Date _____   **Day S M T W T F S**

_____

_____

_____

_____

_____

_____

_____

_____

_____

_____

_____

_____

Positive Note to Yourself

Date _____ **Day S M T W T F S**

Positive Note to Yourself

Date _____   **Day S M T W T F S**

Positive Note to Yourself

Date _____   **Day S M T W T F S**

Positive Note to Yourself

Date _____ **Day S M T W T F S**

_____

_____

_____

_____

_____

_____

_____

_____

_____

_____

_____

_____

Positive Note to Yourself

Date _____ **Day S M T W T F S**

_____

_____

_____

_____

_____

_____

_____

_____

_____

_____

_____

Positive Note to Yourself

Date _____ **Day S M T W T F S**

_____

_____

_____

_____

_____

_____

_____

_____

_____

_____

_____

Positive Note to Yourself

Date _____ **Day S M T W T F S**

Positive Note to Yourself

Date _____ **Day S M T W T F S**

_____

_____

_____

_____

_____

_____

_____

_____

_____

_____

_____

_____

_____

Positive Note to Yourself

Date _____ **Day S M T W T F S**

_____

_____

_____

_____

_____

_____

_____

_____

_____

_____

_____

Positive Note to Yourself

CPSIA information can be obtained
at www.ICGtesting.com
Printed in the USA
LVHW030437220322
714056LV00010B/560